天の父母様の夢が花咲く日

天苑宮・天一聖殿入宮と天寶家庭の使命

天の父母様聖会　世界平和統一家庭連合

はじめに

天の父母様（神様）の夢を地上で成してさしあげる真の父母によって、天苑宮《チョヌォングン》が建立され、来年には天の父母様をお迎えする入宮式をするようになります。このとてつもない、ときめき、胸がいっぱいになる感謝と喜びを、どうして私たちだけで享受することができますか。

世界の八十億の人類が皆、共に、天の父母様を地上にお迎えする日に向かって走っていかなければなりません。天の父母様の懐に人類が一つになって抱かれるその日のために精誠と努力を尽くして、その日を世の中に知らせる祝福家庭、皆さん全員となることを祝願いたします。（真のお母様、天地人真の父母様天宙聖婚六十四周年記念式でのみ言、二〇二四・四・二四）

天一国《てんいちこく》十三年天暦三月十六日（二〇二五年陽暦四月十三日）の天苑宮・天一聖殿入宮式まで八カ月を切り、Dデーに向けてカウントダウンの段階に入っています。

天の父母様が地上に安着される日となる天苑宮・天一聖殿入宮式は、六千年の人類歴史において、最もうれしく喜ばしい聖なる一日です。この日は、天の父母様が太初に夢見られた「天の父母様のもとの人類一家族理想」が、六千年を経て、ついに地上に着地する日です。

また、天の父母様の前に人類歴史上最高の孝行を尽くしてこられた真の父母様が、そして今、地上で天の摂理を牽引《けんいん》される独り娘・真のお母様が天上の真のお父様と共に、天の父母様に最高の栄光をお捧げする日でもあります。「天の摂理と人類歴史の完成」の幕が開く天宙史的な事件と言ってもいいでしょう。

そこで改めて、天苑宮入宮《チョヌォングン》に対する摂理的な意味を整理しておきましょう。

真のお母様は、〝天の父母様の夢が、子女たちと一緒に暮らす地上での生活、地上天国生活だとしたら、家がなければなりません〟とおっしゃいました。ですから、天苑宮の最も根本的な意味は、「天の父母様と子女たちが一緒に地上で天国生活をする家」ということになります。

この根本的な意味をもとに、以下の三点で整理してみましょう。

◆天苑宮・天一聖殿

その第一の意味は、天一国《てんいちこく》時代に天心が安着する「天苑宮・天一聖殿」であるということです。神様を父母として迎える永遠なる地上安着の基地でもあります。

真のお母様は、〝天苑宮は永遠の聖殿である〟と語り、〝世界人が懐かしみながら訪れたいと願い、ここで暮らしたいと願う所でなければならない〟とおっしゃいました。そして、〝天苑宮・天一聖殿は天宙の本部になる〟と語り、設計から一つ一つの細部にわたって指導され、意味を付与してくださいました。

「天苑宮・天一聖殿」は、聖殿中央に人（私自身）が立つことにより、天と地と人を象徴する〝天地人〟一体の理想が表象されるように構成されています。また、左右にある十四点の巨大な天一聖画を通じて、真の父母様の生涯路程と平和理想実現に向けた天の摂理の経綸《りん》が表現されています。

天の父母様が地上に安着することを通して、天の摂理と人類歴史の完成、そして「天一国主権」が立てられることを象徴します。

聖殿に一歩入れば、天の父母様の天心と人類の孝情《ヒョヂョン》が触れ合う感動と歓喜の瞬間を迎えます。真の父母様の生涯路程は、人類を聖殿に招き入れ、天の父母様との感動の出会いをなす瞬間のためにあったのかと思えるほどに、荘厳で雄大であり、かつ、真の父母様の赦《ゆる》しと愛の繊細な心情に包まれるのです。

天の父母様と真の父母様に侍《はべ》り、人生を天に捧げてこられた諸先輩の足跡も描かれています。真のお母様が未来永劫《えいごう》にわたって残したいとお考えになっている心情世界が満ち満ちており、思わず感謝と感動の涙を誘います。

◆教育の殿堂

第二の意味は、天一国時代《てんいちこく》に天の民の生活様式を教育する「天苑宮教育の殿堂《チョヌォングン》」であるということです。

真のお母様は、〝世界のすべての人類が天苑宮に来て、教育を受け、事実を見て、父母の業績を見て、祝福を通して生まれ変わった子女になって、地上生活を充実させ、美しく、実りあるものにしなければならない〟と語られました。

また、天寶《てんぽう》祝福家庭には〝精誠と努力を尽くして、天一聖殿に記録されるような実績を持たなければならない〟とも語られました。

天苑宮は、天の父母様に侍《はべ》る「天国生活」の伝統を継承し、私たちが生活信仰として着地させながら万民に拡大していくための基地ともなります。

真の父母様が生涯を通して教えてくださった核心は、「ために生きる」伝統です。平和世界実現の道は、父母の心情を中心とした兄弟姉妹として、互いにために生きる道しかありません。

その意味で天苑宮は、真の父母様の生涯路程を教育して、「天一国の民」を生育、繁栄させていく場所であり、天寶家庭、祝福家庭の愛天・愛人・愛国の実践生活が〝天一国時代の使徒行伝〟として記録されていく殿堂でもあります。

◆天一国の中央庁

第三の意味は、天一国時代に天の統治が実体的に展開される「天苑宮中央庁」であるということです。

真のお母様は、「天苑宮は天一国の中央庁の概念」であるとして、〝実際に地上におられる真の父母様が、人類に相対し、すべての国々を相手に治める所である〟とおっしゃいました。さらには〝全世界の指導者たちは、今日起きているすべての難問解決のためにここに来てひざまずき、天の哀れみと知恵と祝福を受けなければならない〟とも語られました。

そのため、天苑宮は「天一国の中央庁」として、天の父母様が真の父母様を通じて全世界を治める場所であり、「天一国を治める政府」を象徴し、真の父母様を中心に天一国の経綸《けいりん》が行われる核心機関となります。天一国の理想を中心に和合と統一を成し遂げる共生共栄共義の平和世界実現の象徴でもあるのです。

国際会議場や宴会場はもちろん、真の父母様の執務室も設置され、世界の指導者たちと向き合う中央庁ともなります。

以上の天苑宮《チョヌォングン》の三つの摂理的な意味を考えてみると、天苑宮入宮式こそ、天宙史に長く残るであろう歴史的な勝利奉献儀式になるに違いありません。私たちは、最高の精誠を尽くして準備していかなければならないでしょう。

真のお母様は、〝砂嵐が吹き荒れる砂漠で探し出したその小さな針一つは、独り娘であるお母様と一つとなることのできる子女だった〟とおっしゃいました。そうです。私たちは、お母様が困難な逆境の中で見つけ出された針のように貴重な子女たちなのです。いや、絶対にそうならなければなりません。

そのような私たちが真のお母様と一つになるのは当然のことであり、宿命です。そして、お母様と完全に一心、一体、一念、一和となることこそ、入宮式を勝利的に奉献するための最も核心的な条件ではないでしょうか。

本書は、私たち一家庭一家庭が勝利すべき「天寶《てんぽう》家庭」、「天苑宮・天一聖殿」の摂理に関連した真の父母様のみ言《ことば》を選び、抜粋して整理、編集したものです。「天寶家庭」については、その使命を全うするために、私たちが過去、現在、未来に対して果たすべき責任についてもそれぞれ章別に掲載しました。また、「天苑宮・天一聖殿」に関しては、奉献式に至るまでのみ言および奉献式での祝祷とともに、真のお母様が入宮式に向けて語られたみ言を掲載しました。

天一国《てんいちこく》十二年、青龍の年、真のお母様と完全に一つとなって飛翔、昇天し、来年の天苑宮・天一聖殿入宮式を必ず勝利する私たちとなってまいりましょう。

二〇二四年八月

天の父母様聖会 世界平和統一家庭連合

天苑宮・天一聖殿入宮と天寶家庭の使命　目次

第一章　天寶《てんぽう》家庭への道

真の父母と祝福家庭

　真の父母の聖婚を中心として、四十年間で四千年歴史を蕩滅《とうげん》し、世界人類の祝福圏内の解放圏を形成することができる現実的時代をつくりました。青少年問題、家庭の破綻問題が、今、最も問題になっています。どの国の主権者、いかなる教育者、いかなる人も、解決する方法が分からずにいます。それを解決できる特権をもっている人が、真の父母です。霊界の秘密と地上の歴史の秘密、それをすべて解怨成就したのです。

　先生が、すべてのものを蕩滅して勝利したので、絶対信仰、絶対愛、絶対服従で、夜も昼も一体圏を形成しようとするときは、真の愛を中心として上がっていくことができます。真の父母様は、真の愛の血統と真の愛の一族と真の愛の民族を編成することを神様から許諾されました。それで、歴史の何よりも貴いものとして、天の宝物の倉庫を個々人の家庭に伝授したのが、祝福家庭です。（天一国経典『天聖経』第二篇 第四章 第二節11）

真の父母は、堕落していないアダムとエバです。神様が一代、真の父母は二代ですが、祝福家庭を三代圏内に接ぎ木してあげたのです。野生のオリーブの木に真のオリーブの木を接ぎ木したので、真のオリーブの木になるためには、自分が多くの努力をしなければなりません。真の愛と真の生命と真の血統の純潔性を、自分自体から内的、外的に整備すべき責任が、何よりも急務です。

真の父母を、自分の血統的な直系の父母と感じなければなりません。真の父母に孝行し、国に侍《はべ》り、天地に侍る孝子、忠臣、聖人、聖子《せいし》の道理を尽くせる基準で、完全に一つになっていなければならないのです。（天一国経典『天聖経』第二篇 第三章 第二節21）

皆さんは、自分自体で完成するのではありません。純然と、父母様の愛によって完成するのです。子女が父母の懐から生まれれば、良し悪しにかかわらず、その父母の形態に似るのです。それと同じように、統一教会（家庭連合）では、真の父母の道理を教えてあげます。それが、皆さんには福の中の福です。

人間の願いは、真の父母に出会うことです。歴史をすべて失ってしまい、時代をすべて失ってしまい、自分の子孫をすべて失ってしまうとしても、真の父母に出会うならば、歴史を取り戻すのであり、時代を取り戻すのであり、未来を取り戻すのです。このような方が、正に真の父母です。堕落した過去の歴史は、一つの世界を願ってきました。ある一時に、平和の世界がこの地に立てられるということを、未来の希望として抱いてきたのです。（一九七〇・一〇・一九）

祝福家庭は、真の父母が熱い涙を流す中、懐で生み変えた、天の血統を持つ真の子女です。天が立てた選民です。ですから、私は彼らを、「選民祝福家庭」と呼ぶのです。天上の夫、そして私は、永遠にこの選民祝福家庭を愛するでしょう。何より、み旨のために孤軍奮闘してきた多くの子女の熱い涙と汗を、一時も忘れることはありません。（真のお母様、『人類の涙をぬぐう平和の母』三〇九頁）

真のお父様の遺言である、氏族メシヤ

きょう、最終的な完成、完結を成し遂げてお父様のみ前にお返しし、今までの一生をお父様にお捧げすることを知っておりますので、そのみ旨のままに、今は、精誠を捧げてすべての生を終了する時間を迎え、堕落のなかった本然のエデンの園に帰り、エバが過ちを犯し、アダムが引っ掛かった責任分担を、すべて超越できるようになりました。

あらゆることに対する解放、釈放の権限をもち、誰であっても父母様のあとに従いさえすれば、四次元においても、十四次元においても、地獄に行く者を天国に入籍させることができ、四次元の入籍と十四人の息子、娘たちを中心として、氏族的メシヤが国家を代表する名称となって三百八十七の国々（アベル国連圏百九十四カ国、カイン国連圏百九十三カ国）さえ復帰すれば、すべてが終わることを宣布します。

そのためのあらゆることを、すべて成し遂げました。すべて成し遂げました。アーヂュ。

（天一国経典『天聖経』、真のお父様の最後の祈り、二〇一二・八・一三）

氏族的メシヤになり、故郷を訪ねなければなりません。氏族的メシヤは、故郷を訪ね、先祖を訪ね、神様に侍《はべ》らなければなりません。第一が何かというと、地です。第二が先祖です。第三は真の神様の心情圏です。神様と同居するのです。皆さんが今まで生まれ育った地は、天の国の地ではありません。皆さんの父母も、天の国の先祖ではありません。ですから、神様が同居できないのです。

堕落していない本然のアダム、エバを中心として暮らすその地がアダム、エバの地であり、神様の地であり、その先祖が神様の先祖であり、人類の先祖になります。そこが、神様と同居する場所なので、地上天国です。それが今、できていません。氏族的メシヤの責任を果たせなければ、これがないのです。いくら先生に従ったとしても、国に帰るときはイスラエル民族と同じように、自分の氏族を率いて帰らなければなりません。天国は、家庭をもって入っていくようになっています。地上天国も天上天国もそうです。一族を率いていくようになっている所です。それでこそ、国を探し出せるのです。そのようにしなければ、国を探し出すことはできません。（天一国経典『天聖経』第九篇 第二章 第三節 1）

私たちの地上生活は、私自身の肉身だけのための生活になっては、永遠なる世界に入り得る完璧な資格を備えることはできません。地上世界は、真の父母様のみ言《ことば》に従って真の愛を実践する生活とならなければならないのです。

そのような生活をする立場の人は、他のために生きなければならないのです。自分だけが、祝福を受けて、真の父母様を知っているというだけの位置にいてはいけないという話です。それで、（真のお父様は）「神《しん》氏族的メシヤ、四百三十家庭を祝福しなさい」という最後の遺言まで（語られ）、私たちを祝福されました。祝福です。（真のお母様、二〇一四・一一・二〇）

氏族メシヤの使命

どのようにしてサタンに対する負債を清算し、神様と真の父母を解放するのでしょうか。今まで、歴史を通して、多くの蕩減《とうげん》を払いました。氏族的メシヤの使命を果たすことによって、神様を解放し、真の父母を解放することができるのです。国家、世界、天宙がそこにつながっているからです。

本来、皆さんが氏族的メシヤ、国家的メシヤ、世界的メシヤ、天宙的メシヤを通過してこそ、神様と連結されるのです。これらのものは、真の父母がすべてしてしまいました。皆さんには、氏族的メシヤとしての使命しかありません。（天一国経典『天聖経』第二篇 第四章 第二節12）

「氏族的メシヤ」という言葉は、なぜ出てきたのでしょうか。メシヤの立場は、父母の立場です。真の愛をもった主体にならなければ、「父母の立場」という言葉はあり得ません。堕落した世界に一つだけ残っている本然のものは、愛する子女のために生きる父母の心です。堕落した世界に威厳ある姿で残っているたった一つの本然の心情基準は、父母が子女を愛する心です。消えゆく心情圏ですが、それが創世以降、本質的形態として残ってい

る火種と同じなのです。（天一国経典『天聖経』第九篇 第二章 第一節 1）

今までは、先生が責任をもちましたが、これから、皆さんの一族は、皆さんが責任をもたなければなりません。九〇度の心情を中心として、この角度を合わせなければならないというのです。個人的に、家庭的に、氏族的に一つにしなければなりません。

寝ても覚めても、食べて暮らすすべてのものが、自分を中心としたものではありません。一族のためです。「私」が死んでも、金《キム》氏なら金氏のために、すべてのことを解決すべきです。統一教会は、この準備をしなければなりません。それが生き残る道です。国を生かす道なのです。そのため、氏族的メシヤの使命のために、前進に前進を重ねなければなりません。

（天一国経典『天聖経』第九篇 第二章 第三節 6）

祝福家庭は、その氏族内の家庭を育てなければなりません。子女を育てる父母と同じ立場で、その家庭が困難であれば、自分が困難を抱えている以上の困難を感じなければなりません。

自分の近所で誰それが御飯を食べられずにいると聞けば、「いっそ、自分が飢えるほうがましであって、その人を飢えさせることはできない。到底私だけが食べることはできない」という心情をもち、その人に持っていってあげられる人にならなければなりません。（天一国経典『天聖経』第八篇 第二章 第六節22）

きのうよりきょうが優れていなければなりません。優れているとは何でしょうか。自分の先祖たちを祝福することです。この地上で、縦的な先祖、霊界の先祖と、横的な一族を祝福するのです。一族を中心として、子孫たちを祝福し、カイン的先祖を救ってあげなければなりません。

塞がってしまえば誰も救ってくれません。それをはっきりと知りながらもできなければ、誰が責任を負ってくれますか。誰も責任を負いません。自分の一族は、自分がしなければならないのです。（天一国経典『天聖経』第七篇 第四章 第三節32）

保護圏の形成

今の自由世界を滅ぼすのが個人主義です。この個人主義の自由世界がどのように生き残るかが問題なのですが、これは簡単です。ために生きなさいというのです。ために生きることだけで、すべて救われるのです。統一教会が宗教を統一できるでしょうか。統一する時まで、私たちはために生きるのです。

今や最後に残った終着地はどこでしょうか。解決方法は何かというのです。すべての壁を崩し、恵沢を受けようとすれば、どのようにすべきでしょうか。氏族的メシヤになりなさいというのです。世界的にこれさえ終われば、個人的讒訴《ざんそ》条件、家庭的讒訴条件、氏族的讒訴条件、民族的讒訴条件、国家的、世界的讒訴条件がすべてなくなるのです。（天一国経典『天聖経』第九篇 第二章 第一節24）

個人が勝利して家庭をもてば、家庭は氏族と民族と国家と世界の峠を越えていかなければなりません。ですから、個人の願いは、天の側に立てる家庭を探すことです。家庭を探し出しておいて、「今まで祝福の問題を中心として、千辛万苦の受難の道を克服してきたが、もう結婚したのでこれで終わりだ」と言いながら、こそこそ昼寝でもしてみなさいというのです。勝手気ままに暮らしてみなさいというのです。そこは、サタンが世界的に包囲し、国家的に包囲し、民族的に包囲し、氏族的に包囲している圏内です。

個人が安息しようとすれば、家庭がなくてはならないので、今まで家庭を探し出すために闘ってきたのです。また、家庭が安息しようとすれば、氏族圏がなければなりません。氏族が垣根となって、吹きつける風と、その他のすべてのものを防いでくれなければなりません。そのような責任を身代わりする舞台をつくらなければ、平安な家庭で生存することはできません。そのためには、親戚を中心として、族長にならなければなりません。ですから皆さんに、「氏族的メシヤの使命を果たしなさい」と言ったのです。（天一国経典『天聖経』第九篇 第二章 第三節 7）

真の父母と同時代に生きる

今や天一国《てんいちこく》時代が開かれました。人類歴史で、新しい歴史として出発したのです。それが、天一国です。この時代を生きていく祝福家庭たちの責任は、天が収めるべき健康な穀物を、たくさん収穫することです。そうすべき時であることを知らなければなりません。

これ以上遅らせることはできません。天の父母様と真の父母が祝福の子女たちと共にする地上天国生活を、私たちは築いていかなければならないのです。（真のお母様、二〇一三・一〇・一五）

今日の皆さんが幸せな人たちであることは、間違いありません。祝福された人たちであることも間違いありません。なぜですか？　皆さんがどれほど環境を広げたか分かりませんが、真の父母様と同時代に生きたということ、これは今後、歴史においていつまでも皆さんの存在価値として現れるのです。

これ以上、とてつもない祝福がどこにありますか？　ですから、皆さんは、責任を果たさなければならないのです。（真のお母様、二〇一四・一一・二〇）

真の父母様が人類を祝福によって再び生まれ変わらせ、新しい生命として誕生させたことを、満天下、全世界の人類が知らなければなりません。

この七十五億人類が私たちと同時代圏に生きていながら、真の父母が来られたことを知らなかった、祝福という言葉を聞くこともできなかったと、また、堕落した人類が天の父母様の子女になり得る位置に行くことができる時代に生きていたのに、どうしてそれを知らず、同参することができなかったのかと、どれだけ数多くの人類が恨《ハン》を抱いて霊界に行くようになるでしょうか。

それを考えてみると、皆さんは今日、責任をすべて果たしたと自慢することはできず、満足することはできないのです。（真のお母様、二〇一八・八・三〇）

「神《しん》氏族メシヤ」としての責任

祝福家庭は責任を果たさなければなりません。自分だけの、自分の家庭の祝福だけで終わってはいけません。自分の隣人と自分の氏族と自分の国の人々に対して、真の父母が、真の主人だということを明らかにしなければならないのです。

その道だけが、今日、皆さんがこの時代の真の父母様と共に同参したという栄光の冕旒《べんりゅう》冠《かん》を受けられる立場であることを肝に銘じてください。

きょう、ここに集まった方々だけでなく、全世界のインターネットで共に同参している祝福家庭は、周囲において真の父母様の顕現を宣布し、真の父母様の教えによって真の愛を実践する神氏族的メシヤの責任を果たさなければなりません。そして、世界的に悲惨に、宗教を通して、人種を通して、国境を通してあらゆる破壊の力の中で苦労して死んでいっている人類を眺めているだけでいいのでしょうか?

私たちが彼らを教育し、真の父母の子女として立てる道以外には、私たちが願い、天が願い、人類が待ち焦がれる一つの世界は到来しないということを肝に銘じ、最善を尽くす皆様になるよう、切にお願いします。(真のお母様、二〇一五・三・三)

きょう祝福を受けた祝福家庭の皆さんと、すべての祝福家庭は、この時代に責任を持つべき、人類歴史の完成と天の摂理の完成を成す「選民祝福家庭」です。

選民家庭の前には、怨讐《おんしゅう》の国はあり得ません。すべてが神様と真の父母を中心とした一つの兄弟であるため、私たちは、天の父母様に侍《はべ》り、真の父母のみ言《ことば》どおりに実践躬行《きゅうこう》する祝福家庭として、祝福の選民として、その責任を果たさなければなりません。（真のお母様、二〇一九・七・二二）

アダムとエバの堕落後、人類は、何かはっきりしないにしても、天を慕いながら平和世界を思い描いてきました。彼らの願いは、本来、真の主人になるべきであった天の父母様の懐に帰りたいということでしたが、その道を知ることができませんでした。

しかし、天の苦労と救援摂理歴史を通して、私たちは、真の父母の誕生により、堕落した人類が奇跡のように新しい歴史を出発できるようになったということを知るようになりました。

堕落した人類が天の父母様の懐に帰るためには、真の父母を通した祝福によって再び生まれ変わらなければなりません。真の父母様の苦労の歴史によって、今日、全世界的に多くの祝福家庭が誕生しました。彼らを通した二世、三世、四世たちが摂理の中心に立つようになりました。

今日、人類は七十六億を超えようとしています。彼らの願いも同じです。しかし知ることができなかったため、彼らにこの喜ばしい知らせを伝えてあげるべきなのが祝福家庭であることを肝に銘じてください。

皆さんを通じて、皆さんの先祖が解怨されます。これまでの人類歴史、聖書でいう六千年の歴史の中で、来ては逝ったすべての先祖が、きょうのこのひとときを、皆さんを通してどれだけ待ちわびてきたのかを考えてみてください。これ以上の奇跡が他のどこにあるでしょうか。

イエス様が十字架で亡くなられる状況の中で、「天国のかぎ」を誰に授けましたか。地上で摂理の完成を見てこそ、天上が開かれるようになるのです。

皆さんが祝福家庭として、地上で私と共に生活している間に、皆さんの先祖を解怨しなければならないのですが、四百三十代だけではありません。六千年の間に来ては逝った皆さんの先祖を遡って、すべて解怨してあげなければなりません。そうしようとすれば、四百三十双だけ祝福して、やめなければなりませんか。……

四百三十双を完成したら、その家族の全体が動員されて、各自四百三十双以上をしなけ

ればならないという話です。（真のお母様、二〇一九・二・一七）

皆さん、祝福家庭や日本の指導者ができることは、皆さんの国の民を選民として、祝福を受けさせることしかありません。

選民です。ひとえに天の父母様と真の父母のみが主管するのです。分かりましたか？天一国《てんいちこく》の永遠の民になる道です。

そのためには、祝福において、皆さんは責任を果たさなければなりません。責任です。祝福家庭として、選民として天の父母様の夢を成し遂げるに当たって、環境圏を広げなければなりませんか、縮小しなければなりませんか？

昨日の大会（孝情文化祝福フェスティバル名古屋四万名大会）で終わりではありません。継続して皆さんがよく教育し、天寶苑《てんぽうえん》に入籍できる名門（家）にしなければなりません。（真のお母様、二〇一九・一〇・七）

天寶家庭に対する願い

どれほど待ちに待ったこの一日でしょうか。

私たちの天の父母様は、ご自身の夢を、地上で子女たちと一緒に成就しようとされました。しかし人間の堕落は、天の父母様をあまりにも苦しませてしまいました。どれほど苦労して耐え、待ってこられたこの瞬間でしょうか。

きょう天寶《てんぽう》に入籍した家庭は、本然の、天の父母様が夢見られた、純粋で純潔な、天寶に登載された、天一国《てんいちこく》の真正なる民です。

待ってこられた天の父母様に対して、私たちが地上にいる間に責任を果たさなければなりません。天の父母様の願い、真の父母様の願いは、世界人類が父母様に侍《はべ》る、人類一家族です。

その日を迎えるに当たり、きょう天寶に登載された家庭は、天一国の民としての責任があります。地上にいる間に、自分の隣人に、氏族に、国に、世界に、天寶家庭として領域をどのようにたくさん広げるのかということです。

それによって、私たちが帰っていく天上世界で永遠に自由になり得るのです。幸福な、天寶に登載された責任を果たす家庭として、これからは、人類歴史にはもちろんであり、代を引き継いで永遠に尊敬され愛される、偉大な名門家たちになるように祝願します。（真のお母様、二〇二〇・一〇・一〇）

真のお父様の聖和《ソンファ》後に、「基元節」の宣布を誰がしましたか。独り娘・真の母が天一国元年を宣布しました。天が主管し得る天一国の門が開かれたのです。そうであれば、天一国の民として、資格を備えた人々がいなければなりません。祝福を受けたからといって、すべて資格を備えたということではないのです。成長期間があります。義務と責任です。責任をどのくらい、どのように果たしたのかによって、その家庭の格位が決定されるのです。

そのために全世界の祝福家庭は、氏族メシヤの責任を果たさなければならず、天寶に入籍する家庭にならなければならないことはもちろんであり、そこでとどまってはいけません。代を引き継いで進まなければなりません。現在自分が天寶家庭として、この地上で、特に独り娘・真の母がいらっしゃるこの瞬間に、自分の生涯でどれだけ領域を広げたのかというのです。それが永遠なる世界における皆さんの財産になるのです。（真のお母様、二〇二〇・一〇・一一）

私は、天の父母様の夢と願いが何であるのかが分かるので、この七年の間、（周囲の人々が）「行くことはできません」、「行ってはいけません」と言う所にも行ってきました。真の父母は、再祝福を通して、孤児のような人類が天の父母様の子女として立つことのできる門を開けてあげなければならないからです。

聖書にも、「あなたがたが地上で解くことは、天でもみな解かれるであろう」（マタイ一八・一八）とあります。地上が重要です。それゆえ、皆さんが瑕《きず》と欠点のない人生を生きるためには、絶対的に独り娘・真の母と一つとなり、摂理の完成に向かって進まなければなりません。その道だけが、皆さんが天の父母様の祝賀と祝福を受ける立場になるということを、肝に銘じてくれるように願います。

そのような点で、私の年は少なくありません。地上で天の父母様が思いどおりに対することのできるご自身の子女を探し立てなければならないということが、真の父母の使命でもあります。それで私は言いました。七十七億の人類を二〇二七年までの間に、すべて復帰すればよいでしょうが、七年路程を歩みながら、いまだに多くの越えなければならない境界線があるということを知っています。ですから、少なくとも天寶《てんぽう》に入籍した家庭と祝福家庭が私と共に、人類の三分の一でも復帰しなければならないというのです。（真のお母様、二〇二〇・一〇・一二）

ただひたすら、勝利した真の父母と、人類が天の父母様に侍《はべ》り、それほどまでに待ち焦がれ、思い描いた天の父母様の夢、地上天国をつくっていくためには、天一国《てんいちこく》の天寶家庭の責任が重要です。

皆さんによって、二世、三世圏が自然に天の父母様に侍る環境圏で愛と喜びと頌栄《しょうえい》を捧げる、それこそ地上天国の美しい姿だけが存在するようになるでしょう。そのような天の父母様の夢を成してさしあげる天寶家庭の責任もまた重大です。（真のお母様、二〇二二・八・二四）

天一国時代に、真の父母として地上の摂理において、天の父母様に地上で侍ることのできる聖殿を奉献することのできるこの時において、天一国の誇らしい天寶家庭たちにより、天寶家庭の数が拡大することによって、真の父母の夢が成就します。

独り娘・真のお母様の在世時に神統《しん》一韓国を必ず成し遂げなければなりません。それは皆さん、天寶家庭、祝福家庭の手にかかっています。皆さんの精誠と苦労によって、いまや最後の一歩だけ上がれば高地が奪還できる、目前であるということを知ってください。

天の父母様は愛です。天の父母様の愛が共にある限り、この民族は正しく立たなければならず、神統一韓国にならなければならないでしょう。そのようにつくり上げていく、皆さん全員が勝利した天寶祝福家庭になるように、重ねて祝願します。（真のお母様、二〇二二・八・二九）

天寶《てんぽう》の花を咲かせる

二〇一三年に、「基元節」、天一国《てんいちこく》元年を宣布しました。その後に、独り娘・真のお母様は死生決断の心情で世界を駆け回り、七カ国の復帰、七つの宗教団体の復帰、大陸の復帰を実体的に成した基盤の上で、天一国安着を宣布しました。天一国が安着したので、天一国の民が満ちあふれなければなりません。

ですから、祝福家庭として責任を果たした天寶家庭の登載が必要なのです。そうして私は始めました。その後、五千組以上が天寶に登載されたので、一年で二倍化を、皆さんが成就してくれたのです。

皆さんの責任は、ここで終わるのではありません。この天寶家庭は、永遠に枯れずに変わらない天寶の花です。（真のお母様、二〇二一・一〇・一〇）

私は言いましたね。今の時は、特に韓半島が中心となってアジア太平洋文明圏時代を開いたと。アジアが一つになって、天寶に登載された祝福家庭の皆さん、天寶の花が世界に広がり、七つの大陸すべての国に美しく燦爛《さんらん》たる天寶の花が満開になる時が待ち遠しいです。

二〇二七年に六十回目の「天の父母様の日」を迎え、天の父母様に侍《はべ》り、地上のこの国で独り娘・真の母と共に、全世界の天寶に登載された祝福家庭たちが集まり、天の父母様に感謝と恭敬の歌を歌い、宴《うたげ》のできるその日を必ず成就してさしあげなければなりません。そうして、皆さんがすべて、誇らしい天一国時代の最も高くて貴い天寶家庭となり、天の父母様の大きな愛を受ける天寶家庭として、美しい天寶の花として永遠に燦爛と輝くように、真の父母は願い、祝願いたします。（真のお母様、二〇二一・一〇・一〇）

天の父母様は、天地創造の夢を地上で成されたかったのです。私たち統一教会の六十年の歴史は、荒野路程でした。定着することも、安着することもできませんでした。しかし、真の父母によって、「基元節」に新しい国、天一国が出発したのです。そして、その天一国という国の中で、中心となるべき方は、もちろん天の父母様と真の父母様であり、真の子女、祝福家庭の皆さんです。

今まで六千年間、堕落した人類としては、夢見ることもできませんでしたが、真の父母によって新しい時代、新しい歴史、天一国が開かれました。そして、（皆さんは）天一国の民の資格を備える祝福を受けました。正に、「天寶」です。

以前、私は、「勝利した天寶《てんぽう》家庭は永遠に枯れない天寶の花」だと話しましたね？　アジア太平洋文明圏時代に、天寶の強い主流に乗って、全世界の大陸と多くの国々に、数え切れないほど多くの天寶の花が咲き始めると話しました。

そのような環境をつくっていくには、中心軸がなければなりません。真の父母を誕生させたこの国が、目覚めなければなりません。起き上がらなければならないのです。天の父母様に侍《はべ》ることのできる国にならなければなりません。（真のお母様、二〇二一・一一・二五）

皆さんが今、真の父母と、独り娘・真の母と一心一体になって進むとき、皆さんが分からない、十倍、百倍の奇跡が起きるということを知らなければなりません。じっとしていてはいけないのです。じっとしていても、皆さんは世の中と違って祝福を受けた立場ではありますが、動けばどれほど燦爛《さんらん》とした光が出るでしょうか。

今、新しい時代に新しい服を着て、誰も持つことのできなかった、天の父母様の、言葉にできない天宙的な力を皆さんは受けて、これから一生懸命に動く道しかありません。目標に向かって踏み出し、上がっていかなければなりません。分かりましたか？　そのようにしますね？　私は皆さんを信じています。たくさん愛しています！　力を出してください！（真のお母様、二〇二一・一一・二五）

きょう、お父様は、皆さんに何とおっしゃいましたか？　過ぎ去る結果に対して、ただ、そのまま、希望もなく、動くことなく、じっとしていなさいと言われたでしょうか？　そうでないでしょう？

真のお父様は地上の摂理を導いている真の母と一つであられることを、知っていますか？　それならば、お父様は母と一つとなって、人類の前に天の父母様の愛が共にあることを伝播《でんぱ》し、人類全体が天の父母様に侍る位置において、孝子・孝女、忠臣の責任を果たし得る美しい天寶家庭たちとなることを祝願されることでしょう。

そのように決心し、実践していくでしょう？　私は皆さんを信じます。愛しています。（真のお母様、二〇二二・八・一四）

第二章　先祖を解放し、祝福に導く

先祖を代表する祝福家庭

皆さんはみな、先祖たちの顔を代わりにかぶって出てきた歴史的な復活体です。その歴史がどれくらいになるのでしょうか。何十万年になるといいます。そのように長い歴史過程を、結局、「私」一人を造るために苦労したというのです。金《キム》氏なら金氏という私一人を誕生させるために、数多くの先祖たちが生まれては死んでいったのです。ですから、私たちは歴史的な結実体です。（天一国経典『天聖経』第七篇 第二章 第四節 1）

皆さんは、価値として見るとき、神様の六千年の心情と、希望の存在である真の父母を迎えることができ、真の父母の子女として関係を結んで立ち上がれる立場にあります。ですから、皆さんの指と髪の毛の一本も、歴史的なものであり、時代的なものであり、未来的なものです。すなわち、皆さんは、新しい時代の先祖として立つべき、厳粛な立場に置

かれているのです。（天一国経典『天聖経』第八篇 第三章 第五節 4）

真の父母様について知るべき時が来ました。真の父母様を知らなければ、伝統が分かりません。伝統をもてないのです。今や父母として、天の父母として、真の父母としてできる、歴史的な蕩滅《とうげん》をすべて経てきました。

先生は、世界的先祖の位置に立つためにこのようなことをしましたが、皆さんは、それぞれが氏族的先祖になるための伝統、それぞれの分野に該当する伝統を受け継ぐための道を行かなければなりません。皆さんの氏族のために、そのような伝統を立てなければなりません。ですから、伝統が必要だというのです。（天一国経典『天聖経』第九篇 第二章 第三節 17）

アダムとエバが公的な立場に立てなかったことによって、讒訴《ざんそ》の条件を残しましたが、より公的な立場に立って犠牲の道を克服していたならば、今日、人類の子孫から讒訴されなかっただろうというのは当然の道理です。皆さんもそのような立場に立ちました。ですから、皆さんがいつも考えなければならないことは、「三時代を代表した私である」ということです。

霊界が自分の肩にかかっています。皆さんの先祖が、皆さん自身にかかっているのです。

ですから、霊界が自分の肩にかかり、親戚が自分の肩にかかり、親戚だけでなく国が自分の肩にかかり、これから来る子孫に正しい伝統を立てておかなければならないということも、自分の肩にかかっています。

皆さん一人が、うまくできるかできないかによって、霊界に行った皆さんの先祖たちと親戚たちも解放することができ、皆さんの子孫たちが解放の選民として定められる条件が決定するのです。（天一国経典『天聖経』第七篇 第四章 第三節35）

「私たちは、真の父母によって新しい血統の代を継ぐことのできる先祖になることによって、解放圏が広がる祝福を受けた氏族になりました！　この氏族は永遠不変の神様の眷属《けんぞく》であり、血族になります！」、このようになれば、サタンと完全に決別です。それで、統一教会は、先祖を祭ることを認めるのです。キリスト教が祭祀《さいし》を行うことを認めましたか。統一教会は、今からその伝統を引き継いで打ち立てなければなりません。これはこの世の伝統ではありません。天の父母、天国、天の先祖に侍《はべ》るときに、その代を継ぐ氏族的メシヤ圏、伝統的な血族に千年、万年侍ることのできる王土ができます。王に仕えて永遠なる太平聖代を謳歌《おうか》する神の国になるのです。神の国で暮らしてこそ、皆さんの父、母、一家、一族が天国に直行するのです。（天一国経典『天聖経』第七篇 第四章 第三節26）

霊人に対する救い

人類の先祖が真の父母になれなかったことによって、ゆがんだ罪悪の結果、真の民族と真の国家と真の世界を形成することができず、それにより神様と人類の前にゆがんだ罪状が残っています。このような罪状に対して、誰が責任を負うのかという問題が残っているのです。

霊界に行った人々は、地上で犯した罪を霊界では解決できません。地上で、その誰かがこの責任を担ってくれなければ、霊界に行った人々が解放されません。地上に生きている万民が天国に行くためには、その犯した罪を清算しなければならないのです。

それでは、地上人が歴史を代表してゆがめた罪を、誰が清算しなければならないのでしょうか。その誰かが、ある宗教が、ある団体がすべきこのような使命を、今日この地上の宗教と民は知らず、唯一それを知っているところは統一教会しかないので、知っている者が責任を負わなければならないというのです。（天一国経典『天聖経』第七篇 第三章 第二節26）

統一教会は、地上の人類を救うことはもちろん、今までこの地に来てから霊界に行って地獄に捕らわれ、地獄の鎖につながれている霊人たちまで解放しようというのです。これが統一教会の理念です。ですから、天宙主義を論じてきたのです。それは、ある法的条件をもってできることではありません。神様を泣かせることができ、神様の心情を通して神様の中にある、歴史的なあらゆる恨《ハン》を解怨成就できる孝子が現れるまでは、不可能です。

そうかといって、孝子だけでできるものではありません。そのような家庭が現れて、「神様、イエス様が個人的な息子として人類を赦《ゆる》されましたが、神様の息子、娘が夫婦となって家庭をつくり、一つになって贖罪《しょくざい》の祭物を捧げる立場に立ちましたので、霊界に行っている霊人たちまでもお救いください」と言ってこそ、そのことが可能になります。家庭が一つになってこそ、霊界と肉界の全般的な人類を解放できるのです。（天一国経典『天聖経』第十篇第二章第四節39）

すべての人に、霊がたくさん入っています。清平《チョンピョン》の役事は、真の父母様がこの霊を引っ張り出すのです。そして、真の父母様が、その霊たちが霊界の地獄から上がっていけるように、サーチライトの光を発するのです。誰でも、その光に従っていくことができます。善なる霊は、すべてそのようになっています。上がっていける道を開いてあげるのです。塀や条件があったものを、完全になくしてしまうのです。そのような解放の塀を開いてあげなければなりません。ですから、短期間のうちに天国に行くことができます。

今、人々が悪霊たちに接して被害を受けているので、これを断ち切ってしまわなければなりません。すべての悪霊たちを払いのけてあげるのです。アダム家庭が堕落することによって悪なる家庭になったので、再創造の役事をしなければなりません。先祖たちを再創造するのです。ですから、天使長の立場の家庭を用意しておかなければなりません。そうして、大量祝福、霊界解放祝福時代に入るのです。（一九九九・一・八）

真の父母は、偽りの父母がつくっておいたすべてのものを生み変えていきます。真の父母が霊界に入っていくとき、より良い条件をつくっておいてから行かなければなりません。地上世界と天上世界の監獄にいる囚人たちをすべて解放してあげなければなりません。地上世界の監獄の門を開いて、天上世界に行ける道を開いてあげなければならないのです。

自分の信仰の程度と良心に従って天上世界に上がれば、教育をするのです。原理のみ言《ことば》と理想世界の内容を教育できる体制を霊界につくらなければなりません。互いに知っている人々に対しては、自分たちのクラブを中心として教育すれば、短期間のうちに復帰されます。そうすれば、統一天下になるのです。そうして、地上天国が始まり、天上天国が始まるのです。サタンまでも解放してあげなければなりません。（一九九八・六・二）

先祖解怨と先祖祝福

霊界の大勢の皆様の善の先祖たちが、皆様を通して真のオリーブの木に接ぎ木されることを望み、焦る思いで待っています。偽りのオリーブの木として霊界に入った皆様の先祖たちは、地上界でいくら善の人生を生きて霊界に行った人でも、浮草のように根を下ろすことができないまま遊離し、彷徨《ほうこう》しています。祝福を受けた皆様の家庭がなければ、永遠に根を下ろすことのできない立場が皆様の先祖たちであるという意味です。

したがって皆様は、御自分の家庭で真の血統、すなわち真の愛の根を守る天の瞳となり、皆様の先祖たちが信じ、頼り、渡っていくことのできる橋にならなければなりません。

真の父母様を通して受けた祝福結婚が、このように貴重で、途方もなく貴いものであることを知らなければなりません。現在の皆様の一族の永生はもちろん、皆様の先祖と子孫の永生にも関わっている、無限なる価値の祝福なのです。（天一国経典『平和経』第七篇18）

統一教会に霊界解怨式というものがあります。先祖解怨式があり、次に先祖祝福式があります。

統一教会の信徒たちが、祝福を受けた家庭たちが、そのまま先祖に侍《はべ》ることはできません。霊界に行っている自分の兄、弟、母、叔母、すべてを祝福してあげてこそ、天の家庭として神様に代わって侍ることができるのです。今、そのような時が来ました。これは偶像崇拝ではありません。（天一国経典『天聖経』第七篇 第四章 第三節13）

地上と天上に天国が形成されるためには、霊界にいる霊人たちまでも祝福を通して解放しなければならないのですが、それは、実体の真の父母を通してのみ可能なのです。人類の先祖が偽りの父母として、罪悪の種を蒔《ま》いたので、メシヤは、人類の真の父母として来て、地上と霊界の全人類を解放してあげなければならないのです。（天一国経典『平和経』第二篇 4）

真のお父様の聖和《ソンファ》千日を記念するとともに、皆さんは霊界の先祖解怨をしなければなりません。お父様がおっしゃいました。「二百十代まで先祖解怨をしなさい」。それはどういうみ言《ことば》ですか？　四百二十代（四百三十代）までするのです。

天の父母様も、真のお父様も……。今までの霊界は、堕落以降に、聖書で言う六千年という長い歳月を通して形成された霊界です。彼らは神様と何の関係もありません。み旨を知りません。

しかし、真の父母様によって祝福を受けた皆さんは、摂理が分かりますか、分かりませんか？　それなら、皆さん自身、先祖たちを解怨、祝福してあげ、善霊にしてあげなければなりません。それが今日、皆さんが果たすべき、氏族メシヤの責任です。ですから、霊界の環境圏を広めていかなければなりません。（真のお母様、二〇一五・五・三〇）

私はラスベガスで、先祖たちを解怨しなさいと話しました。それは、真のお父様が霊界で活動することのできる基盤、環境を成してさしあげなければならないということです。いくら絶対者であり、万王の王であっても、民がいない立場ではその位相を表すことはできません。民がいなければならないのです。

今まで六千年の間、霊界はサタンと関係した真っ黒い世界でした。先祖解怨をして先祖を祝福することによって、善なる霊界を開いてあげるのです。（真のお母様、二〇一五・六・二二）

霊界を動員する

霊界と地上世界は、断絶された別の世界ではありません。一つの根本の存在原理のもとで相互交流し、授受する相関関係にあります。

私たちの教会も、本来、神霊を通じて統一する神霊協会として出発しました。神霊とは何ですか。一時的、配分的な霊力や霊的作用のことをいうのではありません。真の愛を中心として霊界と人間世界が調和し、共鳴することができる神様の愛の力です。ために生きて投入する真の愛の生活を通じて、人の心に感動を与えることはもちろん、霊的世界の協力も得る運動が、統一教会の運動です。（天一国経典『天聖経』第七篇 第四章 第二節 1）

霊界が動員されなければなりません。霊界が動員されなければ、どのように天国を形成するのですか。形成できません。天国は、真の父母から始まるようになっているのであって、今までの堕落した子孫から始まるようにはなっていません。

アダムを創造する時、天使長世界の協助を受けたのと同じように、再創造も霊界から下りてきて、地上に協助しなければなりません。そうでなければいけないようになっています。（天一国経典『天聖経』第七篇 第四章 第三節 9）

神様が町内を見下ろせば、みな地獄に行くしかない人間なので、涙を流さざるを得ないのではないかと思い、神様の代わりに自分が涙を流す、そのようなことを体験しなければなりません。神様の心情を思って涙を流すことができる共鳴力が生じれば、霊界が総動員するのです。人間として、神様のみ前に感動的な涙を流さなければなりません。

神様が、「有り難い！　堕落したアダムとエバの子孫は、昔のアダムとエバより立派だ！」と感動して、涙する立場に立たなければ、霊界と通じません。「堕落したアダムとエバの子孫として、天に背いた子孫であるお前たちが、そのようにできるのか」と言いながら、神様が感動の涙を流してこそ、霊界が協助するのです。そこから霊界が開かれます。それ以下は、絶対に駄目です。それが原理なのです。（天一国経典『天聖経』第七篇 第四章 第三節 8）

先祖の再臨協助

今後、家族がすべて神様を信じるようになるとき、祖父、祖母、息子、娘、孫、孫娘、この三代がこちらを受け持ち、あちらを受け持つようになれば、三代の役割を果たすことができます。それができれば、父母を復帰することができるので、皆さんは、父母、そのまた父母、そのまた父母、このようにして数千、数万代の先祖たちを一度に、すべて復帰することができるのです。

霊界から地に再臨できる時代になります。地上の組織が、霊界の組織までも編成します。一つになるのです。このような驚くべきことが起こるので、霊界でどれほど喜ぶでしょうか。

ですから、宗教の勝利時代が来ました。霊界の勝利時代が来たというのです。（天一国経典『天聖経』第七篇　第四章　第三節10）

霊界にいる長兄と地上にいる皆さんが兄弟となり、兄がする仕事を地上で皆さんが協助して完成させなければなりません。終結するようにしてあげるのは、霊界ではできません。皆さんが生活において先祖たちに対して祈ってあげ、協助を要請できるようにしてこそ、皆さんが地上ですべて整理できる責任を果たしたとみなすのです。

ですから、霊界の先祖たちが地上で決定できなかったことを皆さんがしてあげることによって、天上世界でも解放がやって来るようになります。これが重要なので、詳細に知らなければなりません。皆さんの一生だけでなく、先祖全体が、皆さんが解決することにかかっているというのです。霊界全体に対して、長兄がすることを地上において弟の立場で展開するのですが、最終的に決定的なすべての責任は、霊界ではなく、皆さんが負わなければなりません。（天一国経典『天聖経』第七篇　第四章　第三節　33）

霊界では、遠い、近いがありません。時空を超越しているので、家が遠くても、一視野ですべて見下ろすことができます。ですから、距離の間隔を越えて、いつでも助けてあげられるというのです。

そのように、霊界で動く霊たちが血縁関係に従って、どんどん下りてきます。どんどん下りてきて、村にも次第にそれが増加するようになれば、その村にいる悪霊たちを除去する運動をします。ですから、自然に環境が清まるのです。そのような運動をします。

この地に来て、自分の親戚関係を中心として多くの関係を結ぶということは、霊界に帰っていく時、蕩減《とうげん》されて良い位置に行ける基盤になるというのです。ですから、霊界でも競争時代に入っていきます。（天一国経典『天聖経』第七篇 第四章 第三節 6）

イエス様が地上に来られることによって、それ以前の善の先祖たちが霊形体級の霊界から生命体級の霊界に入ることができたのと同じように、皆さんの先祖たちも、地上にいる皆さんを条件にして再臨できる特別な恵沢圏内に入ってきました。皆さんがこのようなみ旨を知って、勝利の枝になれば、一つの生命体を形成できる立場になるので、皆さんの先祖が皆さんに協助するのです。

このように、皆さんは、数千代の善の先祖たちが再臨する基盤にならなければなりません。イエス様の当時には、霊界で条件的に生命体級の復活のための協助をした時代でしたが、今は、霊界が無条件的に生霊体級の復活のための協助をする時代です。このような時代が来たのですから、これ以上の福はありません。言い換えれば、霊界のほうから協助するということです。（天一国経典『天聖経』第七篇 第四章 第三節 11）

今、霊界の先祖たちを地上に配置すべきですが、その配置する人とは誰でしょうか。神様が配置することはできません。原理が、神様が配置するようになっていません。先生が配置しなければなりません。どこで生まれたとしても、生まれた地、本郷の地に再臨させるのです。万民再臨です。祝福行事に加わることによって、楽園以上の天国に行ける先祖をつくるのです。それは、理論に合った話です。

皆さんの地で、どのような先人が生きて逝ったのか知っていますか。それ以上にならなければなりません。恨《ハン》の中の恨を抱いて死んでいった霊人たちが霊界から地上に再臨して、私たちが暮らしている所に来て私たちを協助し、兄に対するように侍《はべ》り、王に対するように侍ろうとすることを考えるとき、そこで一番にならなければならないのです。（天一国経典『天聖経』第七篇 第四章 第三節 7）

第三章　地域を愛し、国と世界を救う

真の父母を中心とする祝福家庭共同体

私たち全員は、真の父母様と真の家庭を中心として、和合と統一の心情文化共同体を築いていかなければなりません。皆さんは、全員例外なく天の選択と先祖の功績、そして自らの後天的天稟《てんぴん》によってみ旨の道と縁が結ばれました。そして、数多くの迫害を顧みずに真の父母様のあとに従い、今日の勝利圏まで迎えるようになりました。

ですから私たちは、唯一の父母を中心とした一家族心情共同体です。世の中は、いまだに分裂と葛藤が満ちあふれていますが、私たち統一家は、人種、国境、およびいかなる障壁も軽く飛び越え、一つの兄弟姉妹になれるのです。ために生きる人生の手本を見せるならば、必ず成し遂げられる夢です。

特に、このような摂理の大転換期には、私たち全員が真の父母様と一つにならなければならないことを、肝に銘じてくださるようにお願いします。（真のお母様、天一国経典『天聖経』第十二篇 第四章 第三節11）

統一教会の祝福を受けるようになれば、版図が広がります。それは神様を中心として、主流的家庭圏を形成していくからです。それで統一教会の祝福を受けた家庭同士を氏族といいます。

真の父母という新しい父母に従って、天倫の内的心情を受け継いだ家庭が生まれ、家庭が横的にたくさんできるということとは何かというと、統一家において氏族形成から民族形成、国家形成になっていくということです。（天一国経典『天聖経』第五篇 第二章 第四節 1）

祝福とは、責任を果たしてこそ貴いものなのです。この世的な悪口を言ってはいけません。世の中の人たちとは、何かが違わなければなりません。家庭は小さな教会です。神様の代行機関として、神様が訪ねていきたい家庭にならなければなりません。最低限、三家庭が一緒に暮らす以上に結束しなければなりません。

特別に伝えてあげたいことは、第一に、多くの人々が往来できる家庭になりなさいということです。人が和合することが最も重要です。そして、第二は天の家庭同士、団結しなければならないということです。最低限、三位基台になった祝福家庭同士だけでも、完全に一つになるべきです。（天一国経典『天聖経』第十一篇 第四章 第一節 10）

統一教会の教団は氏族です。「私」の血が共に動くのです。私が涙すれば、氏族が涙しなければならず、私が喜べば、氏族が喜ばなければなりません。それは血族です。五色人種（あらゆる人種）を越え、文化背景の異なるすべての国家基準を越え、壁を取り払って一つにまとまった、新しい天の国創建のための民族です。

この民族が聖なるものとなるときに天の国の「創国」が顕現し、聖なる創国の民族として生きていくときに「創世界」が始まり、その世界の上に天宙的な地上天国と天上天国が連結されるのです。それは、言葉だけで成し遂げられるものではありません。個人において最後の決定をし、天地に宣布しなければならず、家庭を中心として最後の宣布をしなければならず、氏族を中心として最後の宣布をしなければなりません。（天一国経典『天聖経』第九篇 第二章 第一節 4）

家庭教会摂理

家庭教会とは本来、エデンの園で堕落せず、神様を中心としてアダム家庭が完全に愛し合って一つになったことを意味します。そのように家庭教会が始まり、家庭氏族教会、家庭国家教会に発展し、世界形態の家庭理想を備えた一つの世界になるのです。これが原理で教える思想です。

統一教会が家庭教会を主張でき、立てることができるという事実は、神様にとっても、人類全体にとっても重要なことです。本来、アダムとエバが堕落していなければ、神様を中心として一生の間、愛の中で息子、娘を生んで暮らし、地上生活が終わって霊界に入っていけば、次はその子孫が続いて入っていき、またその子孫が続いて入っていけば、その血統的子孫がアダムとエバを中心としてすべて天国に行くようになっているのです。（天一国経典『天聖経』第九篇 第一章 第一節 1）

皆さんは、死ぬ時まで、父母を慕いながら涙を流さなければなりません。生まれる時も泣きながら生まれ、生きるのも泣きながら生き、父母のために会うたびにうれしくて涙する生活をして、逝かなければならないというのです。そうしてこそ、死んで天国に行きます。それが原則です。それができなかったので、今日、真の父母が現れ、その運動を再現して立て直し、そのような条件を立てたことによって天国に行くのです。

家庭教会は天の国の始まりです。天宙主義は真の父母主義です。ですから皆さんも、真の父母主義を中心として、皆さんの家庭と一族をそのようにしなければなりません。それが家庭教会です。

家庭教会は、「私」を中心として家庭、氏族、このように三段階です。蘇生《そせい》、長成、完成です。氏族がなくては国家編成ができません。ここから国が生じるので、私たちは氏族的メシヤという名をもって、家庭教会運動を始めたのです。これは天国の始まりです。それでは、皆さんは、父母様とどこで出会うのですか。家庭教会に行ってこそ、出会うというのです。（天一国経典『天聖経』第九篇 第一章 第一節10）

天国はどこにあるのでしょうか。「心にあり、私にある」と結論を下さなければなりません。心の天国があったのちに、体の天国がなければなりません。体の天国があったのちにこそ、家庭教会、家庭の天国が成就されるのです。その天国は、サタンが讒訴《ざんそ》できず、サタンが生きることもできません。サタンの活動が許されない所です。

「天国が私の心と体にある」と言える人にならなければ、環境天国をもてません。家庭教会は、環境を中心とした天国を意味します。家庭教会の基地はどういうものでしょうか。家庭教会の基地が、皆さんの天国として許されるのです。環境とは、家庭教会を中心として国と世界が連結されたものなのです。（天一国経典『天聖経』第九篇 第一章 第一節19）

先生が統一教会に残してあげた宝があるとすれば、家庭教会です。家庭教会は、先生が一生の間、犠牲の道を歩んで残してあげた宝です。教会員に残してあげられる宝とは何でしょうか。統一教会の権限を天地から、サタンと神様から、堂々と相続できるというのが宝です。

家庭教会が完成するときは、統一教会という名称がなくなります。家庭教会未完成圏には神様の摂理があるかもしれませんが、「私」自体で成し遂げられた家庭教会圏内には、神様の摂理や宗教はありません。そこは、天国人が住む所です。

それでは、三百六十軒とは何でしょうか。それが全人類の理想型と同等になるためには、少なくとも十二地域、十二カ国の民族がそこに集結していなければなりません。（天一国経典『天聖経』第九篇 第一章 第一節14）

救国救世基盤の造成

皆さんが外地に出て修練をし、み旨を中心として熱心に活動した新しい習慣性をもって、その町全体を変革しなければなりません。神様が、何もない中で御自分のすべてを投入して愛の対象圏をつくったように、皆さん自身を投入しなければなりません。必ず一つに一致させなければなりません。

皆さんの故郷の人々の中で、誰よりも最高の位置にまで行けば、霊界が協助するのです。

（一九八八・六・一五）

神様は世界を救うことが主目的なので、それが可能な段階へといかに次元を高めて発展させるかという問題を考えてみるとき、原則は簡単です。家庭は氏族のためにあり、氏族は民族のためにあり、民族は国家のためにあり、国家は世界のためにあり、世界は神様のためにあればよいのです。そして、世界のために生きる人間でなければ、全宇宙を創造された全知全能であられる神様の子女となる資格はないのです。

世界が神様のために生きる立場に立つならば、神様は世界のために生きる立場に立つのであり、国のために生きる立場に立つのであり、民族のために生きる立場に立つのであり、氏族のために生きる立場に立つのであり、家庭のために生きる立場に立つのです。（天一国経典『平和経』第一篇３）

今まで教会は、個人救援時代でした。今からは、祝福を受けた家庭を中心とした家庭救援摂理時代です。家庭が連合するようになれば、氏族救援摂理、国家救援摂理時代に越えていくようになります。氏族が祝福を受ければ、氏族が救いを受けるのです。国が祝福を受ければ、国が救いを受ける時代に入っていくのです。次元が飛躍するというのです。ですから、教会（を中心とした摂理）時代は過ぎ去ります。

アダムとエバの個人が堕落することによって家庭をひっくり返したので、これを復帰しなければなりません。体と心が一つになり、家庭が一つになり、国が一つになり、世界が一つにならなければなりません。統一しなければならないというのです。

アダム家庭では、サタンによって偽りの血統が連結されることにより、すべて分裂しました。今や、真の父母が来ることにより、体と心が一つになった夫婦を中心として家庭が一つになった基盤の上で、全世界が復帰される平準化時代、統一時代に入りました。真の父母様が真の血統をもってきて、個人の体と心を連結することにより、完全に一つになった男女が、家庭を中心として完成し、結合するようになります。そうして、このような完成家庭が拡大し、自動的に横的拡張を成した世界が、神様の統治される天国です。

（一九九七・五・一）

絶対信仰、絶対愛、絶対服従の上に祝福家庭が成立するのですが、その祝福家庭は天の所有権、天のすべての国と世界を抱ける位置の家庭です。絶対信仰、絶対愛、絶対服従する心をもって天の国に行き、血統を復帰したのです。絶対血統転換、絶対所有権転換、絶対心情圏転換をしたのです。すべて取り戻してきました。氏族的メシヤを通して絶対血統を転換し、絶対所有権を転換し、絶対心情圏を転換した氏族が多ければ、国は自然に救われます。最後となるのです。きれいに清算されます。

これは、自信満々に活動する「私」の手にかかっています。「私の活動いかんにかかっている」という自信をもって、出征するのです。私たちは、真の父母の息子、娘なので、真の父母が勝利した全世界を私たちが収拾し、父母が主張すべき所有権を、私たちが父母の代わりに主張しなければならないことを自覚すべきです。それをすべてもらって、父母に連結するのです。それが国家復帰のための氏族的メシヤです。（天一国経典『天聖経』第九篇第二章 第三節10）

第四章　天の血統を守り、後孫を導く

祝福の血統を永遠に守る

天国の憲法第一条とは何かといえば、血統を汚してはならない、きれいに保って、純潔な血統を永遠に守りなさいということです。第二は、人権を蹂躙《じゅうりん》してはならない。第三は、公金を略取してはならないということです。

皆様が天国の王権を維持して、王権の前に民となり、父母となり、妻子となり、兄弟となるためには、これが絶対必要です。（天一国経典『平和経』第一篇9）

愛する祝福家庭の皆様。皆様はこれから、神様から受けた純粋な真の血統を、どのように保全するかということが問題です。汚染されていないエデンの園でも堕落があったのに、この邪悪で汚れた罪悪世界で純粋な血統を保全するということは、決して容易なことではないでしょう。

罪悪世界に根をおいて生まれた一世の父母たちは苦労したとしても、祝福を受けて生まれた二世の子女たちには、汚染されることのない、清くて純粋な環境をつくってあげなければならないのが皆様の責任です。（天一国経典『平和経』第二篇15）

神様が一代、真の父母が二代、皆さんは三代です。そして神様が一代、皆さんが二代、皆さんの子女の三代圏ですが、四位基台理想を中心として白い玉のように純潔な女性、男性となり、純潔な愛、純潔な生命、純潔な血統を千年、万年残すことが、祝福の根本の伝統だったという事実を知らなければなりません。（天一国経典『天聖経』第十一篇 第四章 第一節27）

絶対純潔

男性も純潔であり、女性も純潔でなければなりません。結婚前に汚すことはあり得ません。純潔、それから純血です。血統です。愛を望む人は、純潔を守らなければならず、新しい血統、純血の血統を受け継がなければなりません。それで純潔、純愛、純血です。

それとともに男性と女性が結婚して、二人が一つになって東西南北に切り替わっても、上下が切り替わっても、前後左右が切り替わっても、どのようになったとしても、「私は投入して忘れ、ために生きる」と言えば、千年、万年解放され、和合しないものがないがゆえに、統一世界が現れるのです。（天一国経典『天聖経』第八篇 第二章 第五節 3）

人類始祖アダムとエバをはじめとして、人類の歴史上、大勢の英雄や修行者たちが越えることのできなかった峠が、正に純潔の峠でした。純潔に対しては、家庭はもちろん、学校と教会、そして政府さえも責任をもてないというのが今日の問題点です。

純潔を守る最善の方案として私が教えてきたものが絶対「性」です。これは、神様のもとで結ばれた愛の相対は永遠であり、いかなる条件下においても変わることのない絶対的な愛の関係だという意味です。なぜかというと、二人の配偶者の出会いは、永遠で絶対的な神様の愛を中心として実現されるものだからです。

これは男性にのみ強調されるものではなく、女性にのみ該当するものでもありません。男女共に絶対的に守るべき天倫なのです。（天一国経典『平和経』第七篇 6）

神様の創造理想的愛の主流である絶対の愛、唯一の愛、不変の愛、永遠の愛を中心として、真の愛、真の生命が完全に正しい位置の純情、純潔、その次に純血、血統です。その次に純愛です。

家庭定着をして、孝子の家庭、忠臣の家庭、聖人の家庭、聖子《せいし》の家庭で、平面的に天下が統一された一つの位置に立ち、すべての勝利の覇権を代表できる花のような、香りのような位置で相続を受けなければなりません。（天一国経典『天聖経』第二篇 第五章 第三節12）

ピュアウォーター

どれほど、皆さんに会いたかったでしょうか。玄界灘《げんかいなだ》という距離がありますが、私は、六千年を経て人類歴史で初めて誕生した、皆さんのワンオンマ（〝大お母さん〟の意）だからです。愛しています。

今日の世界で起きている現象を見ると、人間の力ではどうすることもできない、行き詰まったところに来ています。宗教を信じる、信じないにかかわらず、人類が当面する問題を解決する上で、天に侍《はべ》ろうという運動が展開されなければならない現実があるのです。

（真のお母様、二〇二三・九・一七）

天の父母様の夢は、地上で真の父母と子女たちが、共に地上天国を成し遂げていくことでした。真の父母様によって生まれた二世の皆さんは、六千年を経て天が取り戻した、真の父母様の息子、娘です。

私は皆さんに、「（二世たちは）ピュアウォーターである」と言いました。水は、停止状態にあってはいけません。澄んだ水である皆さんが、世の中の濁った水を浄化する摂理歴史の流れに沿って、絶えず大海に向けて、世界に向けて、広く広がっていかなければなりません。それが、皆さんの責任です。

皆さんによって、混濁した世の中のすべての子女たちが、皆さんと一つになることで、彼らもまた清らかな水となります。そして、世の中のすべての難問と困難を克服し、解決していく上で、その責任と使命を果たせば、人類が待ち望み、天が待ち望んでいた、天の父母様を中心とした人類一家族の世界が到来します。

問題は、今、皆さんが萎縮することなく、正々堂々と天の摂理の真実を明らかにしなければならないということです。皆さんの、清らかな水という本来の姿が、よどんだ水、腐った水になってはいけません。

これから、独り娘・真のお母様と一つになって、私たちの当代に天の父母様の夢、人類の願いをかなえてさしあげる地上天国を築いていきましょう。（真のお母様、二〇二三・九・一七）

真の父母を通して祝福を受け、誕生した二世、三世、四世の皆さんをピュアウォーターであると言いました。皆さんのお母さんはワンオンマです。ワンオンマは天の父母様に直接侍《はべ》り、人類一家族の夢を実体で地上に実現していく役事をしています。

そうであるならば、ピュアウォーターである皆さんは、ワンオンマが展開する国家の復帰、世界の復帰を果たして、天の父母様に、私の家、私の家庭、私の教会、私の国で侍る地上天国を築いていくに当たって、中心人物とならなければなりません。

そのようにしますか？　私が地上にいる間に、皆さんが私と一〇〇パーセント、一二〇パーセント一つとなって、摂理の完成を成し遂げることだけが、永遠における、歴史的で偉大な中心人物になるのはもちろん、皆さんの家庭を通して名門家が誕生する道です。（真のお母様、二〇二四・五・一九）

名門家

私はときどき、このようなことを言います。名門家になりなさい、と。名門家となるのは、今この瞬間、この時しかありません。皆さんが名門家の先祖になりなさいということなのです。真の父母様と同時代を過ごした皆さんのほかに、誰が名門家になりますか？

このようなとてつもない、六千年間待ち望んできた一日なのです。その立場に皆さん全員を立たせてあげようとしているのですが、結果は皆さんの責任（完遂）いかんにかかっているのです。皆さん自身の責任があることを知らなければなりません。誰かを恨むこともできません。皆が、名門家の先祖の立場で、永遠に天の前に忠誠を尽くす家門になってくれるよう願います。（真のお母様、二〇一四・三・一九）

皆さんの父母から受け取った、今まで生きてきた習慣性をもっていてはいけません。皆さんの息子、娘を、今から本当に教育しなければなりません。そのまま放っておけば、祝福を受けた家庭がすべて滅びます。ですから、メシヤの責任をもたせ、立たせるのです。それが「歴史的最高の時代」に生きるということです。

霊界と肉界が、天地が見つめ、宇宙が見つめる、このような愛の驚くべき時期を占有する主人にならなければなりません。（天一国経典『天聖経』第九篇 第二章 第一節20）

皆さんは、天一国《てんいちこく》の民として、全世界の人類を救わなければなりません。そのためには、皆さんの後継者を育てなければなりません。私は皆さんに、名門の家を育てることを強調しました。名門の家は、自分よりも優れた後継者を育てなければならないのです。

特に、家庭では父母よりもさらに立派な息子、娘を育てなければなりません。皆さんよりも立派で、さらに信頼することができ、より忠義を尽くす孝子、孝女をたくさん育てなければならないというのです。それでこそ、私たちの未来には希望があるのです。（真のお母様、二〇一四・七・二七）

天寶苑《てんぽうえん》に登載された人々はたくさんいますが、神様の創造が永遠性を持つので、一代で終わってはいけません。二代、三代が独り娘・真のお母様と一つとなって、永遠に変わらない忠臣の家門とならなければならないということです。

特に、先輩家庭と言われる人たちが、責任を果たさなければならないでしょう。そして二代、三代を一緒に立てなければならないでしょう。そのような先輩家庭たちの姿とならなければなりません。皆さんの責任は、それぞれ皆さんが完遂し、勝利しなければならないのです。

それもこの瞬間、地上に独り娘・真の母がいる間に認められる、印《いん》を受けた、そのような祝福家庭が多く出てくるよう祝願します。（真のお母様、二〇一九・四・二〇）

第五章　天苑宮《チョヌォングン》・天一聖殿入宮の摂理的意味

天苑宮・天一聖殿摂理の出発

この清平《チョンピョン》団地に対して、真のお父様、真の父母様が計画された夢があります。それは将来訪れる天一国《てんいちこく》の民のためのものです。

現在、皆さんは真の父母様と共にある生活をしています。肉身の限界はあります。私がいつ逝くかは、天のみがご存じです。しかし、皆さんの願い、私の願いがあるとすれば、そのすべてを私の当代に成し遂げてさしあげたいのです。「天の父母様、真の父母様を中心とした一つの世界は、このような姿である」と、見せてあげたいのです。(真のお母様、二〇一六・五・六)

私は、天の父母様に侍《はべ》って暮らすべき天一国の民が、どのようにして侍り暮らさなければならないかを見せてあげなければならないのです。それで真のお父様の聖和《ソンファ》後に私が天苑宮を造ると話したとき、その準備がすぐに実施できませんでした。この世的な、人間的な、様々な障害物が多くありました。しかし今、決めました。二〇二三年に、この美しい季節に天苑宮《チョヌォングン》、特に天の父母様に侍《はべ》ることのできる聖殿である「天一聖殿」を奉献してさしあげようと思います。

昔、真のお父様がこのようなみ言《ことば》を語られたことを皆さんは覚えているでしょう。「これからこのみ旨を知った世界のすべての人々が、いっぺんにどっと押し寄せて、釜山《プサン》の沖合に遊覧船が果てしなく連なるようになるでしょう」

これが、言葉だけで終わってはいけません。実体的に成されなければならないのです。そのためには、見せてあげられる所がなければなりません。ですから、私は拍車をかけます。

この国の民が念願する南北統一に対して、私はずいぶん前から話しました。人間の頭脳と人間の努力では成せないというのです。天の父母様に侍る場所にならなければなりません。この国が、神《しん》韓国にならなければならないということです。（真のお母様、二〇二〇・五・八）

天の父母様は、ご自身の創造理想を地上で成す真の父母を探されましたが、環境圏が整わずに六十年という歳月が流れました。とても言葉にできない、暗澹《あんたん》とした、光の見えない、そのような摂理歴史でした。真の父母は六十年間、段階的に多くの宣布と過程を通して、ついに「基元節」を宣布しました。天一国《てんいちこく》の元年が始まったのです。しかし、その始まりを、唯一、独り娘・真の母だけが成し遂げました。

私は天の父母様の夢を知っているので、七年間、到底言い表すことのできない（歩みの）中で、必ず地上に天の父母様に侍ることのできる環境圏をつくろうとしました。七カ国はもちろん、七つの宗教団体、さらには人類が希望として求めてきたその一日が近づいていることを知らせながら、大陸を復帰する過程を通して天一国安着を宣布するようになりました。初めて地上に、天の父母様が運行なさることのできる、天一聖殿を奉献し得る環境をつくり出したのです。

天城に入城された真のお父様は、今や地上の独り娘・真の母と共に、天の父母様に侍り、摂理歴史を進めるようになるでしょう。（真のお母様、二〇二一・八・二四）

天苑宮・天一聖殿の果たす役割

皆さんの前に、私は天の父母様の夢であり、真の父母様の願いを成すことができるこの清平《チョンピョン》団地を中心として、人類の前に見せてあげることができる「天地鮮鶴苑《チョンヂソナグォン》」を、唯一無二の最高の水準で建立する予定です。

それは皆さんと私たちの未来の後孫たちが、真の父母様の愛を体験して感じることができ、天の父母様に無限なる感謝と栄光を捧げることができる、そのような聖所として造ろうと思います。

ここに集った皆さんは、大きな夢を持ってください。そして真の父母様、私と一つになって必ず天が望まれる地上天国、天の父母様を中心とした、真の父母様を中心とした一つの世界、七十三億人類が天の父母様に侍《はべ》るその日を早めることができる天一国《てんいちこく》の誇らしい民になることを祝願いたします。（真のお母様、二〇一六・五・七）

私が世界の人々に対して、本当の意味で神様を知り、天の父母様に侍る国、国民、個人にならなければならないと教育しているでしょう。たくさん説明をしましたが、見せてあげることも重要ではないですか。

私たちは平和世界、地上天国を語っていますが、地上天国とはどのような姿でしょうか？天の父母様が真の父母様と一つになった国、それが天一国です。この天正宮《チョンヂョングン》博物館が真の父母を中心とした至聖所なら、天地《チョンヂ》鮮鶴苑《ソナグォン》は中央庁の概念だと話しましたが、「天苑宮《チョヌォングン》」となります。実際に地上にいる真の父母が、人類を、すべての国を見守る場所です。（真のお母様、二〇一九・七・四）

世界のすべての人類が来て、天苑宮で教育を受け、事実を目にし、父母様の業績を見て、祝福を通して生まれ変わった子女となって、地上生活を美しく実りある、充実したものにしなければなりません。（真のお母様、二〇一九・七・四）

この一時しかありません。きょう集まって各分科別に会議を行いましたが、この聖殿を完工させることは、過去にも未来にもない、永遠に残ることです。世界の人々が、（ここを）訪問することを願い、ここで暮らすことを望むのです。本当にこの一時、生を享《う》けて地上に生きている瞬間がどれほど感謝すべきで、祝福された日々であるかを、この聖殿を通して教育を受け、実感できる環境をつくるのです。

天の父母様の夢は、地上で人類を抱き、愛することでした。その父母様が成し遂げようとされている、地上天国です。（真のお母様、二〇二〇・六・四）

これから天一国の天一聖殿は、世界、宇宙の本部になるのです。それで、すべての宗教は終点に来たので、皆、降りなさいと話しましたね。降りて、真の父母を探さなければなりません。真の父母に出会わなければならないのです。真の父母の祝福を受けなければなりません。その道だけが生きる道です。永生の道なのです。これを強く語らなければなりません。（真のお母様、二〇二二・二・一六）

奉献までの歩み

きょう天寶《てんぽう》に入籍するすべての祝福家庭、天寶家庭の皆さん、愛しています！　天の摂理はもちろん、人類歴史で初めて天の夢が実現される、天の父母様に侍《はべ》ることのできる聖殿を地上の真の父母が用意しています。皆さんの精誠と努力で、天一聖殿に皆さんの名前が記録され得る実績を備えるようにしなければなりません。

きょう皆さんは、皆さんの人生において、独り娘・真のお母様と共にある黄金期に生きているということを忘れないでください。

皆さんの実践で、永遠なる世界と、未来の皆さんの子孫の前に、どれだけ栄光であり誇らしい先祖の位置、名門家の位置に残ることができるかを考えるときに、この天の大きな愛の前に、感謝と頌栄《しょうえい》を捧げる生涯になるよう祝願します。（真のお母様、二〇二一・五・一）

天の摂理の完成であり、人類歴史の完成である天苑宮《チョヌォングン》・天一聖殿の奉献を通して、すなわち天一国《てんいちこく》を治める中央庁である天苑宮と、歴史上一度たりとも建立されなかった、天の父母様の本聖殿である天一聖殿を通して、神様が実体的な大陸レベルの安着をされることで、天宙大家族の理想が実現した神《しん》統一世界が完成すると確信しています。

愛する、神日本の指導者、祝福家庭の皆さん！　このような重大な時に、母の国、神日本にどのような誘惑と困難が訪れたとしても、さらに真のお母様と一つとなり、左顧右眄《さこうべん》（辺りの様子や周囲の思惑を気にして、決断できずに迷うこと）することなく、クリスタルのように清く純粋な立場で、最後の摂理の完成のために六十カ月路程の勝利を決意し、私と共に歩むことを祈ります。

私はこれまで、天の父母様の本然の立場を取り戻してさしあげるために、耳があっても聞こえず、目があっても見えていない者たちのために、東から西へ、南から北へと地球各地を回り、天の摂理の真実を知らせることにすべてを投入しました。口の中がただれ、足がむくみ、立っていることすらできない困難がありましたが、私は休むことができませんでした。それは、この道を歩むことを決心し、「どれほどみ旨が大変でも、私の代で、この不幸の歴史に決着をつける」と、神様と約束したことを守るためでした。

そして、その摂理の最後のひとときが、私たちに近づいてきています。摂理のこの黄金期、私と一つとなって、最後の六十カ月路程を死生決断、全力投球するなら、皆さんは天の父母様の摂理史に永遠に記録され、そして万民が記憶する誇らしい天一国《てんいちこく》の使徒、真の父母様の真なる子女となるでしょう。（真のお母様、二〇二一・六・一七）

天苑宮《チョヌォングン》・天一聖殿の奉献

愛する天の父母様！　この一日を、どれだけ長い時間待ち、耐え忍んでこられたことでしょうか。あなたの創造理想を完成させることのできる、真の父母の顕現と真の父母の路程が、六十三年を経てまいりました。

天の父母様！　あまりにも申し訳なく、恐縮する心を禁ずるすべがございません。天の父母様、しかし、喜んでお受けくださいますように。

この一日を迎えるまでに多くの困難がありましたが、それでもこの日を、天が祝福される中で、天の父母様の栄光を高々と掲げ得る天苑宮・天一聖殿を奉献できることに、あまりにも心が高鳴り、興奮し、感謝の気持ちは、到底言葉で言い表すことができません。

天の父母様、喜んでお受けくださいませ。いまだに不備な点がございます。しかし、来年二〇二四年（予定）の入宮式にはすべての面で完璧に整理、整頓した中で、天の父母様が直接、真の父母と共に、地上で摂理を始めることのできる環境圏をより大きく広げるために、最善の努力をいたします。

天よ！　知恵を与えてくださり、能力を与えてくださって、あなたの望みに呼応でき、あなたが抱いて愛することのできる天一国の民が、世界の至る所で立ち上がり得る祝福の一日となりますので、天の父母様、喜んでお受けくださいますように。このすべてのみ言《ことば》を、真の父母の名で奉献申し上げます。アーヂュ、アーヂュ、アーヂュ。（真のお母様、天苑宮・天一聖殿奉献式の祝祷、二〇二三・五・七）

天には栄光が、地には天一国の民の喜びと歓喜の声が全世界に響きわたる、この、興奮して、心が高鳴る喜びの、歓喜の声をお聞きください。

これまで天の父母様が人類を抱こうと苦労し、待たれた歴史が、これからは真の父母によって、日々、天一国の民が天の父母様に向かって褒め称《たた》える声が響きわたることでしょう。

天の父母様、栄光をお受けになり、喜んで、私たちと共にあってください。この美しい聖殿を奉献することができることに、心から、心から、感謝申し上げます。

天の父母様が今や私たちと共にいらっしゃることを、この国の民と全世界の民が分かるようになることは明らかです。愛しています。ありがとうございます。天の父母様、万歳！

（真のお母様、二〇二三・五・七）

私が十年前から天苑宮《チョヌォングン》・天一聖殿を建てると言いました。しかし、そのときの状況は、この国の政府が理解する立場ではなく、キリスト教圏も同じでした。それで「博物館」の形で始めると言いました。

私は、創造主・天の父母様が、堕落した人類を救うために、どのような摂理歴史を導かれたのかを、螺鈿《らでん》・漆器の十四作品を通して、六千年の天の摂理歴史が一目で見て学べる写実的な聖画として描かせました。これ以上そのような作品が現れ得ない、最高の名匠たちによって最高の作品が現れました。この地球が滅びない限り、人類に、永遠に保存されることでしょう。（真のお母様、二〇二三・五・二三）

天心苑《チョンシムォン》祈祷

人類が常に真の父母に侍《はべ》って暮らす体験と経験ができる所、霊界と交流できる場として情心苑《チョンシムォン》（天心苑）で祈り、願いを報告し、速やかに全世界七十七億の人類が知るようにしなければなりません。霊界に行かれたお父様が、さらに先頭で歩めるよう、祈祷しなければなりません。地上が重要なのです。難しい南北関係、日韓関係を解かなければなりません。

地上で環境を造成して、霊界が動くようにしなければなりません。情心苑は、真のお父様に侍り、三百六十五日、共にする所です。祈祷と精誠を捧げれば、成されます。お父様に侍り、孝進《ヒョヂン》、興進《フンヂン》、大母《テモ》様に侍り、情心苑を中心として、すべての食口《シック》が愛で一つになる生活化がなされなければなりません。

七年路程を通じて、お父様の体面を立ててさしあげました。これからは南北統一です。お父様が直接立たれ、霊界を動員して、南北を統一しなければなりません。そうしてこそ、世界の復帰を強く成していくことができます。情心苑が摂理の主流となって南北統一をしなければなりません。（真のお母様、二〇二〇・六・八）

今後、家庭連合は、二本の柱で進むと言いました。神霊と真理です。皆さんは、天心苑で、祈祷の精誠をたくさん捧げなければなりません。

いまだに、神統《しん》一韓国、神統一世界を築いていく上で、障害が多いのです。精誠を捧げなければなりません。（真のお母様、二〇二三・二・六）

ですから、私が話したのです。今後、統一教会（家庭連合）は、神霊と真理によって進むと。それで、私が最近、二元体制、天心苑と家庭連合が一つになって進むと言ったのです。

この天心苑《チョンシムォン》祈祷が、なぜ重要なのでしょうか。私たちが天の父母様のために広げてさしあげるべき環境圏のために、霊界にいらっしゃるお父様が出動してください、ということなのです。それがお父様の願いでもあり、人類の願いです。

そのため、あなたたちが天心苑において、お父様に切実に告げるのです。「私は、きょうはこのような所を訪ねていこうと思います。お父様、共にいてください。天の権能を見せてください」と、精誠祈祷をするのです。分かりましたか。（真のお母様、二〇二三・一一・一二）

天の父母様と真の父母様と「私」

歴史時代には真の父母がいませんでした。地上に堕落した父母だけがいたので、天上にも真の父母がいませんでした。神様を人類の父母と言うのですが、神様はどのような立場にいるのでしょうか。神様御自身が真の父母になろうとすれば、真の子女をもたなければなりませんが、そうでない立場では、真の父母になれません。ですから、神様御自身の立場を見ても、人類を創造することはしましたが、創造した立場で、父母としての位置、真の神様としての位置をもてなかったのです。すなわち、人類の始祖が堕落したので、神様は真の神様になることができませんでした。

言い換えれば、人類の完成とともに、人類の真の父母を中心とする人類の真の家庭が成されたはずであり、人類の真の家庭とともに真の氏族、真の民族、真の国家、真の世界が形成されたはずです。このようになっていれば、真の神様の心情を受け継いだ真の神様の血族になったはずであり、真の神様の血族によって、真の神様の民族が形成されたはずです。その民族を中心として、神様が直接治める一つの国が形成されたはずだというのです。（天一国経典『天聖経』第二篇 第二章 第一節 1）

神様は、縦的な真の父母です。真の愛を中心とした縦的な真の父母の立場に立っているお方が創造主、神様です。神様が縦的な愛の主人ならば、縦的な愛だけをもっていては一点にしかなりません。これをいかにして横的に展開させるのでしょうか。

赤ん坊を生むのは、神様ではなく真の父母です。横的な真の愛の父母の立場に立った、そのお方が真の父母です。神様のみ前に、すなわち縦的な愛を中心とした縦的な真の父母のみ前に、九〇度の角度を備えた横的な愛をもったお方が真の父母なのです。

ですから、皆さんは二つの父母の愛が必要です。一つは創造主である父母であり、一つは神様の対象として理想を描きながらお造りになった体のような父母です。ですから、神

様は心のような立場の父母であり、真の父母は体のような立場の父母です。（天一国経典『天聖経』第一篇 第二章 第三節16）

神様と真の父母と「私」は、復帰を完結させるに当たって、なくてはならない存在です。神様を中心として真の父母になるべき人間の先祖が堕落したので、堕落の動機を越えるためには、三者が一致点を見いださなければなりません。神様のみ旨と、真の父母のみ旨と、私たちの志が一致しなければなりません。

復帰というものを考えるとき、人間が神様の創造目的と一致する立場に到達してこそ、人類の目的も成就されるのであり、人類の父母として来られる主も、万民を復帰させたという基準を完成するのです。このように父母と子女が一つになることによって、神様のみ旨である本然の園を形成し、そこで父母と子女が永遠に分かれようとしても分かれることのできない家庭を備える時、初めて神様のみ旨が完結するというのです。（天一国経典『天聖経』第八篇 第三章 第五節1）

神様が願われた真の父母であり、人類が望んだ真の父母であり、天地が待ち望んだ真の父母は、歴史的な解怨をして神様の心情的な偉業を相続するために、この地上へ来られた方です。このような真の父母を再び相続しなければならないのが、私たちであり「私」です。

このような父母を相続するためには、神様の悲しみはすべて知らなくても、真の父母の悲しみの一面を体験しなければなりません。新たに地を探すために天がしてきた苦労も、もちろん知らなければなりませんが、それはすべて知らなくても、地上で苦労した真の父母の心情がどのようなものだということと、悲しい内容がどのようなものだということを、ある一面でも知らなければなりません。（天一国経典『天聖経』第二篇 第四章 第五節12）

皆さんが、真の父母の心情と、神様の愛と、その心情を、どのように体恤《たいじゅつ》するのですか。その境地に、どのように入るかが問題です。そのようにするには、堕落していないアダムとエバにならなければなりません。サタンに讒訴《ざんそ》されてはいけません。

それでは、サタン世界でどのように解放されるのですか。サタンと闘って勝たなければなりません。そうするには、どれほど苦労し、どれほど苦しまなければなりませんか。

ヤコブも十回だまされ、モーセも十回だまされ、イエス・キリストもそのように欺かれました。先生も同じです。それを克服していかなければなりません。その時に、神様の心情を知るようになるのです。父母様の心情を知るようになるのです。そうでなければ、絶対に分からず、そうでなければ、サタンが離れないのです。サタンに勝利できない限り、

父母の心情を知ることができず、神様の心情を知ることができません。（天一国経典『天聖経』第二篇 第四章 第五節 8）

「私」の生命の動機も父母であり、私の希望の一切も父母であり、私のすべての理想と幸福の根源も父母であるという基準を中心として父母に侍《はべ》らなければ、救援を受けられません。

ですから皆さんは、「私は真の父母と永遠に一つになることができる息子、娘である」という信念を、自分の存在意識を超越するほどにしっかりともたなければなりません。（天一国経典『天聖経』第二篇 第三章 第一節 17）

真の父母様と一つになる

真のお父様は今、霊界にいらっしゃいますが、私たちと常に共にいらっしゃいます。ただ無形でいらっしゃるだけであって、一瞬たりとも私たちの傍らを離れることはありません。

今、真のお父様は、私たちに何を願っていらっしゃるのでしょうか。正に、中断なき前進を願われているはずです。神様の摂理は、全世界に真の父母を中心として愛と平和が満ちあふれ、心情文化が定着し、新しい秩序が定着するときまで続かなければなりません。特に、「基元節」の勝利を土台として、さらに一路邁進《まいしん》し、天と真の父母様に大きな栄光をお捧げし、世界と歴史に大きな希望を抱かせてあげなければなりません。（真のお母様、天一国経典『天聖経』第十二篇 第四章 第三節12）

私がきょう、あなたたちに話そうと思うことは、神様の夢は、私たちが必ずや成してさしあげなければならないということです。真の父母様を中心として成してさしあげなければなりません。その巨大な天宙的な地上天国の絵を描いたのです。それが、真の父母様の勝利的な業績によって、巨大な神様の夢を成してさしあげるための絵は、九九・九九パーセントを真の父母様が成しておきました。

そこに、（堕落世界の）汚れのついていないあなたたちが、〇・〇一パーセントの責任を果たせばいいのです。父母様の描いた（巨大な）絵は、パズルとして作りました。あなたたちが最後に完成させなければならない、そのパズル（ピース）をあなたたちが持っているのです。

それゆえ、「天の父母様の前に、真の父母様と共に『私』が、『私たち』が、天の父母様の夢を成してさしあげることができる環境をつくりました」と言って奉献する日が、早く来るべきですか、遅く来るべきですか？（「早く来るべきです」）。そのためには、皆さん

が真の父母様と一つになっていかなければなりません。（真のお母様、二〇一七・八・二一）

私は皆さんに話をしました。地上天国での生活が霊界に反映されるため、クリスタルのように透き通った霊人体と、皆さんの生活にならなければなりません。

そのためには、皆さんが摂理を正しく知って、今現在、地上で摂理の完成に向かって進む、独り娘・真の母と一つにならなければならないのです。（真のお母様、二〇二一・四・二一）

独り娘、真の母、平和の母、宇宙の母として天一国《てんいちこく》を宣布し、天一国安着を宣布しました。その土台の上に、今や摂理の完成をこの民族と世界の前に現さなければならないこの時に、皆さんは磁石になってください。

真の父母と一つになった磁石の原理によって、皆さんが活動し、行く所ごとに、この一日のためにこれまで天が苦労して準備した義人たちが必ずいるようになっています。皆さんは自信を持って、自分が何者であるかを明らかにしてください。

真の父母と一つになった皆さんの前には、皆が磁石のようにくっつくようになっています。そのような自信を持って、勇敢に進み出ていく皆さん全員になるように祝願します。（真のお母様、二〇二一・二・六）

皆さん、天苑宮《チョヌォングン》に行ってみましたか？　行って、何を感じましたか？　天の父母様に、「本当に申し訳ありません」と言いましたか？　独り娘・真の母を前にしても、皆さんは親不孝をしました。それでは、天の父母様を前にして、どれほど大きな親不孝をしたでしょうか。祝福家庭として、自分だけの祝福ではなく、ために生きる生活によって責任を果たすべき祝福家庭が、今、責任を果たせていない立場です。今や再び決意し、必ず勝利すると決心しましたか？

私は昨日の指導者会議で、来年の天の父母様を迎える入宮式をする前に、天の父母様が地上で役事することのできる環境圏を広げるべきであると言いました。国家の復帰もできていない状態で、天の父母様を迎えることができますか。それはあまりにも申し訳ないことです。そうですか、そうではないですか？　ですから、さらに遅れる前に、アジア大陸の一カ国でも「国家が復帰された」という国をつくろうと決意しました。（真のお母様、二〇二四・六・八）

天一国に、日本という国が抜けてよいでしょうか。天一国に入るにはどのようにすべきでしょうか。どうして、統一教会の歴史が六十年を過ぎるまで、日本の国民は統一教会を知ることができませんか。なぜ家庭連合を知ることができませんか。なぜ家庭の重要性を知ることができないのでしょうか。

日本は高齢化した国であり、〝人口の崖〟に来た国として、二つの悪条件をどちらも持っているのに、家庭連合は二世、三世の若者が真の家庭を築き、祝福子女を多く生んでいます。その事実を、日本の政治家や国民が正しく知るとき、皆さんを誇らしく思い、尊敬し、皆さんのためになることをしようと言うでしょうか、言わないでしょうか？　皆さんさえ確かなら、心配は要りません。自信はありますか？

私たちは、一人が進むのではありません。ピュアウォーターとして二世、三世圏が巨大な波を起こし、大航海をして、世界へ進んでいます。そこに同参した皆さんなのに、何を心配しているのですか。立派に果たすと信じています。

皆さんは、独り娘・平和の母と一つにならなければなりません。皆さんだけでなく、皆さんの国の指導者、政治家すべてが独り娘を歓迎すべきなのです。彼らが、「独り娘、私たちの国に一度来てください」と言えるように、皆さんが精誠を捧げ、祈らなければなりません。（真のお母様、二〇二四・六・八）

入宮に向かって

今は天一国《てんいちこく》時代です。真の父母様の勝利によって天一国が安着し、天一国の主人である天の父母様に侍《はべ》ることのできる聖殿を奉献したこのとき、皆さんはどのようにすべきでしょうか？　天の父母様の環境圏（の造成）は、中心となる国家の復帰（から）です。政治家はもちろん、この国のすべての民が、天の父母様がこの国の主人であることを知らなければなりません。天の父母様を知り、祝福を授けてくださる真の父母が主人であることを知らなければなりません。

しかし、いまだに多くの障害物があります。これまで、真の父母を十分に知らせることができませんでした。これ以上、遅らせることはできません。これ以上、天の父母様を待たせる不孝、不忠をしてはいけません。多くの機関の職員が、すべてを下ろし、現場において天の父母様の役事を起こしていくことに全力投球することを願う真の父母と天の父母様の心情がどのようなものであるかを深く体恤《たいじゅつ》し、反省して、これ以上、天を失望させることのない皆さんとなることを願います。（真のお母様、二〇二三・六・九）

世界中の統一家の祝福家庭は、天の父母様に地上で侍ることのできる環境圏である天苑宮《チョヌォングン》・天一聖殿を奉献し、二〇二五年に実際に入宮式を行ってさしあげるという、この奇跡のような事実の前に、これまで天が私たちを信じて待っていてくださった、そのご苦労と大きな恩賜の前に、国家の復帰によって報いてさしあげる道理を果たさなければなりません。

全世界二百を超える国々が天の父母様に侍《はべ》り、地上の真の父母様に侍る兄弟国となれば、戦争が必要でしょうか。平和な世界です。天の父母様に侍る、平和な人類一家族世界が現実的に現れるようになっています。

そのようになるためには、伝道しなければなりません。天の摂理を知らない人がいないようにしなければならないのが、皆さんの責任です。（真のお母様、二〇二三・一二・一五）

甲辰《きのえたつ》の年である天一国《てんいちこく》十二年、すべての邪気を吹き飛ばす青龍の年、今や完成数の十三年が近づいている年に、天苑宮《チョヌォングン》・天一聖殿入宮式を行う締めくくりを、あらゆる面で徹底してください。

影がなく、邪気が退いた、天が祝福した純白の雪を降らせたように、今年一年はとても重要な年です。ですから、摂理において一つにならなければなりません。

そのため、あらゆる面で完璧に整理整頓し、秩序が築かれた状態で、希望に満ちた天一国十二年を迎えて総進軍するのです。（真のお母様、二〇二四・一・一）

人類歴史以来、摂理歴史以来、六千年を経て、初めて真の父母によって、天の父母様に侍ることのできる聖殿、天苑宮を二〇二三年に奉献しました。

もう今年には、最終的で完璧な点検をし、来年に入宮式をするまでに、天の父母様が実存されることを全世界に知らせなければなりません。(真のお母様、二〇二四・一・四)

お父様が聖和《ソンファ》された後に、「基元節」を宣布しましたが、天の父母様の夢は、地上で地上天国生活をされることなのです。天の父母様に侍ることのできる家がなければなりません。統一教会の五十三年という、はるか長い歳月は荒野時代であったため、今、新しい歴史の出発を見た天一国(時代)には、すべての体制、環境が整理されていかなければなりません。

まず中心をお迎えすることができる聖殿を建設しなければならないのですが、私独りでした。十一年という歳月がかかりました。

天苑宮を奉献し、今、実体として天の父母様に地上で侍り得る完璧な天苑宮・天一聖殿(入宮)を一年後に控え、準備をするこの時点です。

堕落した人類の六千年歴史は、天の前に、不忠、不孝でした。しかし、真の父母によって、天の父母様が地上に訪ねてこられる、その日を迎えなければならない時点です。

ここに集まった、全世界の指導者の皆さん、人類最初の、この慶事の一日のために、天の父母様に栄光をお捧げし、天の父母様が「あなたたちは真の父母と共に苦労が多かった。ありがとう」とおっしゃる、そのような場を準備しなければならない祝福家庭の指導者の皆さんではないでしょうか。

天の父母様に侍《はべ》る環境圏を、世界の前に誇らしい天一国《てんいちこく》の息子、娘であると誇ることのできるそのような環境を、どのようにつくるのでしょうか。

創造主・天の父母様の本質、天の父母様の願いは、地上で真の父母に出会うことです。真の父母を通して子女たちを愛したいのです。

それでは、皆さんが声高らかに誇るべき方は、地上の誰ですか？　初臨の独り娘、平和の母、宇宙の母を誇るのです。それだけが、宗教統一、平和統一に進む道です。（真のお母様、二〇二四・二・二三）

宗教統一です。真の父母が中心にいれば、すべての宗教が統一されます。国も同じです。天が許される中で、豊かな国、貧しい国など、二百余カ国があります。彼らに、本来の宇宙の主人であられる創造主が私たちの天の父母様であるということを知らせなければなりません。

その天の父母様の夢を地上で成してさしあげる真の父母によって、天苑宮《チョヌォングン》が建立され、来年には天の父母様をお迎えする入宮式をするようになります。このとてつもない、ときめき、胸がいっぱいになる感謝と喜びを、どうして私たちだけで享受することができますか。

世界の八十億の人類が皆、共に、天の父母様を地上にお迎えする日に向かって走っていかなければなりません。天の父母様の懐に人類が一つになって抱かれるその日のために精誠と努力を尽くして、その日を世の中に知らせる祝福家庭、皆さん全員となることを祝願いたします。（真のお母様、二〇二四・四・二四）

天苑宮《チョヌォングン》・天一聖殿入宮と天寶《てんぽう》家庭の使命

天の父母様の夢が花咲く日

2024 年 8 月 20 日　初版第 1 刷発行
2025 年 3 月 1 日　　　第 8 刷発行

編　集　天の父母様聖会 世界平和統一家庭連合
発　行　株式会社 光言社
　　　　〒 150-0042　東京都渋谷区宇田川町 37-18
　　　　https://www.kogensha.jp

ISBN978-4-87656-390-6

定価は裏表紙に表示しています。
乱丁・落丁本はお取り替えいたします。

本書に対するお客様のご意見・ご感想をお聞かせください。
今後の出版企画の参考にさせていただきます。
感想はこちら→

2010000129920